Anton Bach

Glücklichsein lässt sich lernen

Anton Bach

Glücklichsein lässt sich lernen

Glück ist der Schlüssel zum Erfolg

Trainerverlag

Imprint
Any brand names and product names mentioned in this book are subject to trademark, brand or patent protection and are trademarks or registered trademarks of their respective holders. The use of brand names, product names, common names, trade names, product descriptions etc. even without a particular marking in this work is in no way to be construed to mean that such names may be regarded as unrestricted in respect of trademark and brand protection legislation and could thus be used by anyone.

Cover image: www.ingimage.com

Publisher:
Der Trainerverlag
is a trademark of
Dodo Books Indian Ocean Ltd., member of the OmniScriptum S.R.L Publishing group
str. A.Russo 15, of. 61, Chisinau-2068, Republic of Moldova Europe

ISBN: 978-3-8417-5113-3

Das kleine

GLÜCKS – HANDBUCH

Was ist eigentlich Glück- und wie kann ich ein glücklicher(er) Mensch werden?

Tipps (37), Fragen, Antworten **und** Übungen (7) **zur seelischen Balance, dem Umgang mit Gefühlen und Wegen zur Veränderung.**

Anton Bach, www.b2-workforyou.de

Etwas dafür zu tun, glücklicher zu werden, ist die lohnendste Anstrengung Ihres Lebens (Sonja Lyubormirsky)

Einleitung mit John Lennon:

Als ich zur Schule ging, wurde ich gefragt, was ich werden möchte, wenn ich groß bin.

Ich antwortete „glücklich"

Sie sagten mir, dass ich die Frage nicht verstanden hätte, und ich sagte ihnen, dass sie das Leben nicht verstanden hätten. (John Lennon)

Vorwort:

Mein Name ist Anton Bach, geboren am 04.04.1956 in Ingolstadt. Durch die verschiedenen Lebensrollen als Sportler (Fußballer-DFB-Süddeutsche Jugendauswahl), Trainer, Ehemann, Partner, Vater, Opa und ehemaliger Luftfahrt Manager, durfte ich viele Erfahrungen sammeln und habe die im Laufe des Lebens gestellten Aufgaben, Krisen, Belastungen und Glücksmomente kennengelernt. Seit meinem Ausscheiden aus dem aktiven Berufsleben, bin ich freiberuflich als überzeugter **Glücks-Coach** tätig.

Persönlich erlebe ich „das Wohlfühl-Glück" in meiner Familie, Partnerschaft, sozialen Kontakten, mit Freunden, in der Natur und den Begegnungen mit Menschen, die interessiert, offen und begeisterungsfähig für etwas Neues sind.

Mit diesem kleinen Glücks-Handbuch versuche ich Ihnen einen Überblick zu geben, welche Möglichkeiten es gibt, aktiv das Glück zu fördern. Welche Fragen und Wege sinnvoll erscheinen, bei einem Bedarf zur Veränderung. Wie funktioniert unser Gefühlsleben und wie kann ich meine Gefühle besser steuern und kontrollieren. Die eigenen Emotionen erkennen und akzeptieren, während sie auftreten. Diese Fähigkeit ist entscheidend für das Verstehen des eigenen Verhaltens und der eigenen Antriebe. Des Weiteren behandelt das Handbuch die möglichen emotionalen Störungen der Kommunikation (die 3 verschiedenen Ich-Zustände) und wird komplettiert mit vielen einfachen Tipps, Fragen, Antworten und Übungen zur sofortigen Anwendung.

Glück ist der Schlüssel zum Erfolg und Glücklichsein lässt sich lernen!

Ihr Weg zur inneren Zufriedenheit:

Jeder von uns steht einmal an einer Kreuzung und muss entscheiden: In welche Richtung will ich weitergehen. Halten Sie inne und denken Sie über sich selbst nach. Gönnen Sie sich eine **Auszeit** und entwickeln Sie (wieder) ein Selbstgefühl, das auf einem realistischen Wissen über Sie selbst basiert. Forschen Sie nach Ihren Bedürfnissen, Wünschen und Möglichkeiten. Es ist legitim auch mal an **sich** selbst zu denken! „Selbstfürsorge ist eine existentielle Aufgabe. Nur wer seine eigenen Wünsche und Bedürfnisse ernst nimmt, kann auch andere unterstützen. Wer sich nicht liebevoll behandelt, seine Tugenden und seine Fähigkeiten nicht kultiviert, kann keine gute Beziehung zur Welt aufbauen. **Kein Schritt ist auf dem Weg zur Selbstfürsorge zu klein.**

Wer von seinem Leben Positives erwartet, Herausforderungen mit einer annehmenden Haltung begegnet und negative Denkmuster vermeidet, der tut auf vielerlei Weise Gutes für sich. Dabei geht es ausdrücklich nicht darum, das Leben wie durch eine rosafarbene Brille zu betrachten. **Wer übt, das Gute zu sehen, der beeinflusste Geist und Körper zugleich.**

Gehen Sie täglich kleine Schritte auf dem Weg zu einem verbesserten Selbst. Ich darf Fehler machen, Ich muss es nicht jedem recht machen. Es braucht Mut und Überwindung sich Gutes zu tun, denn es bedeutet neue Wege auszuprobieren, sich neu zu erleben und Raum zu verschaffen. Erst dann kann ein inneres Wachstum beginnen, hin zu einem Gefühl von Freiheit und Selbstbestimmung". (Anna Schaffner, GEO-Wissen Nr.74, Seite 22 bis 28)

Anmerkung:

Nur Sie alleine können Ihre Wünsche, Ihre Lebenszufriedenheit und Ihr Glücksempfinden definieren. Der einzige Experte in Ihrem Leben, sind somit Sie selbst. Wir kommen um uns selber nicht herum, die Antwort auf unser Leben liegt in uns selbst. **Hinterfragen** Sie sich bei Bedarf und finden Sie Ihren Glücksweg, es lohnt sich.

Die Qualität Ihrer Selbstkenntnis und Fragen, bestimmt die Qualität Ihres Lebens. Die Einstellung zum Leben wird wichtiger als objektiv vorhandene Ressourcen.

4

Wichtiger Hinweis:

Sämtliche Inhalte und übernommene Texte / Zitate (sinngemäß oder „wörtlich") dieses Buches wurden auf Basis von Quellen, die ich nach bestem Wissen und Gewissen recherchiert, aufgelistet, für vertrauenswürdig und beachtenswert eingestuft habe, widergegeben. Die Grundlage dieses Handbuches, ist das vorhandene und erarbeitete Wissen der Philosophie, Psychologie, positive Psychologie, Glücksforschern und die An - und Einsichten von sehr klugen und erfolgreichen Menschen / Autoren.

Gut zu wissen:

Verschiedene Studien zeigen, dass wir alle nach intensiven Glücksgefühlen immer wieder auf unser emotionales Ausgangslevel (Glücks - Skala 1-10) zurückkehren. Selbst nach einem Lottogewinn, steigt die Kurve erst mal an, um dann wieder bei unserem Ausgangslevel zu landen. Wir Menschen neigen eher dazu, uns an konstante Umstände zu gewöhnen. **Dauernd glücklich sein, funktioniert leider nicht.** Es erscheint auch im Lebenszusammenhang und Reifungsweg eines Menschen nicht sinnvoll. Dennoch ist es möglich, das **Glücksempfinden** bzw. **Wohlbefinden** zu steigern. Glück scheint eher dann erfolgreich zu sein, wenn man eine gewisse **entspannte Haltung** dazu einnimmt.

Tipp1: Gehen Sie mit innerer Aufmerksamkeit, einer entspannten Haltung und wenn möglich, mit viel **Humor** an die Arbeit.

Zu den evolutionsgeschichtlichen Hintergründen:

(Professor Dr. Ruckriegel, Online Vortrag, HSS am 08.09.2021)

Unsere Gefühlswelt und der Umgang mit unseren Gefühlen haben sich evolutionär entwickelt.

Vor etwa 4.000.000 Jahren waren Menschen aufgrund von Umweltänderungen gezwungen, gemeinsam zu jagen und Nahrung zu sammeln, um überhaupt zu überleben.

Kooperative Beziehungen wurden überlebensnotwendig und förderten ein Gefühl für gegenseitigen Respekt und Fairness.

Evolutionsbiologisch haben wir uns deshalb zu einem sozialen Individuum entwickelt.

Unfreiwillige Isolation, das Gefühl der Einsamkeit, löst Stressreaktionen aus, die signalisieren, dass uns etwas Lebensnotwendiges fehlt.

Wer einsam ist wird öfter krank. Wunden heilen schlechter, das Immunsystem ist schwächer.

Primärfaktoren unseres Glücksniveaus

(Sonja Lyubomirsky 2005, 2010)

Der **genetisch** bedingte Sollwert für Glück   **50%**

(kaum Veränderbar)

Glücks- relevante **Begleitumstände**   **10%**

(wenig Veränderbar)

Glücks- relevante **Aktivitäten**   **40%**

(stark Veränderbar)

Der durch **Gene** festgelegte Anteil am persönlichen Glücksempfinden ist mit **50%** der Größte. Gemeint sind hiermit die individuellen Charaktere und Persönlichkeitseigenschaften (zum Beispiel: Aufgeschlossenheit oder Schüchternheit). Studienergebnisse zeigen, dass sich dieser festgelegte Anteil wenig über die Lebensspanne verändert.

Zum Bereich der **Umstände** (10%) zählen Variablen wie: Nationalität, geographische und kulturelle Region, persönliche Geschichte, Erziehung (Erfahrungen), Lebensereignisse, Familienstand, Beruf, Einkommen, Gesundheit, Krankheit, Religionszugehörigkeit.

Den Hebel, um das Glücksniveau nachhaltig positiv zu beeinflussen, sehen zahlreiche Wissenschaftler/Innen **in intentionalen Aktivitäten (40%)**. Mit intentional meint man **bewusst gewählte Aktivitäten**, selbst wenn diese bereits zu Routinen wurden. Diese Aktivitäten sind mit einem gewissen Maß an Aufwand verbunden, sie gehen also nicht selbst vonstatten. Dieser Aspekt wird auch als entscheidender Unterschied zwischen intentionalen Aktivitäten und Umständen erachtet. Während Umstände passieren, nehmen Menschen bei intentionalen Aktivitäten Einfluss auf Umstände.

Tipp2: Unsere Fähigkeit zu mehr Wohlbefinden / Glück ist trainierbar, weil 40% unseres erlebten Glücks unseren freien Willen unterliegen. Durch bewusste Verhaltensweisen, können wir unabhängig von äußeren Umständen (wie zum Beispiel Reichtum oder beruflicher Erfolg) unser Glücksniveau steigern.

Inhaltsverzeichnis:

1. Was ist eigentlich Glück- und wie kann ich ein glücklicher(er) Mensch werden?

(Professor Dr. Ruckriegel, Online Vortrag, HSS am 08.09.2021)

Subjektives Wohlbefinden ist der zentrale Indikator für ein gutes Leben, für eine hohe Lebensqualität. Befragungen zur Lebenszufriedenheit geben ein stabiles Bild des subjektiven Wohlbefindens. Ändern sich Lebensumstände, verändert sich entsprechend der Indikator.

Emotionales Wohlbefinden

Es beschreibt unsere Gefühlslage im Moment, wobei es im Wesentlichen auf das Verhältnis zwischen positiven und negativen Gefühlen im Tagesdurchschnitt ankommt. Hier geht es um unser Wohlbefinden, das wir erleben, während wir unser Leben bestreiten.

Kognitives Wohlbefinden

Ist unser derzeitiger subjektiver Grad der Zufriedenheit mit dem Leben (Bewertung). Hier findet eine Abwägung zwischen dem, was man will (den Zielen, Erwartungen, Wünschen) und dem, was man hat, statt. Es geht also um das Urteil, das wir Menschen fällen, wenn wir unser Leben bewerten.

Wie und wann erreichen wir einen glücklichen Zustand?

(Das Recht auf Glück 1, Interview mit Dalai-Lama)

Glück erreichen wir vornehmlich auf der geistigen Ebene, durch die Schulung des Geistes mit unserem **Intellekt, Gefühl, Herz und Verstand.** Es verlangt eine gewisse innere Disziplin. Eine mitfühlende und offene Denkweise gegenüber unseren Mitmenschen ist sehr vorteilhaft. Mitgefühl und Respekt sind eine gute Basis für das Leben.

Ich - bezogene und rücksichtslose Menschen sind meist eher unglücklich. Sie können das Gefühl der inneren Freiheit nicht erfahren. Selbst im Schlaf verfolgt Sie die Panik, Ihre Macht, Einfluss oder hohe Position zu verlieren. Sie finden keine innere Ruhe.

Menschen mit humanen Empfindungen und Gefühlen sind glücklicher. Mitfühlende Menschen verbessern stetig Ihren Geisteszustand und erfreuen sich emotionaler Gesundheit. Empathische Menschen können sich in die Lage des anderen hineinversetzen, besser werten und verstehen.

Glück ist somit eher die eigene Geistesverfassung.

Wie werde ich ein glücklicher(er) Mensch?

Wir werden glückliche Menschen, wenn wir **häufiger positive Gefühle** und **seltener negative Gefühle** erfahren. Wenn wir Achtsam im Hier und Jetzt verweilen und einen Sinn in unserem Leben erkennen. Wo ein Sinn erfahrbar wird, ist Glück die Folge.

Das persönliche Glück ruht auf drei Faktoren.

(These Prof. Jan Delhey)

Haben

Lieben

Sein

Haben: Umfasst in erster Linie den Lebensstandard und die finanziellen Ressourcen. Wissenschaftliche Untersuchungen zeigen ganz klar, wer etwas Geld auf dem Konto hat oder über Wohneigentum verfügt, ist zufriedener. Ein niedriger Lebensstandard wirkt sich negativer auf das Lebensglück aus, als ein temporärer finanzieller Engpass. Die Mehrheit der Menschen, möchte mithalten können.

Lieben: Alle Umfragen kommen zu dem Ergebnis, dass dauerhafte Partnerschaften ein herausragender Garant für subjektive Lebensqualität sind. Zum Liebes-Bereich zählen auch alle anderen engeren und weiteren Bindungen, Freundschaften, Verwandtschaft, Unterstützernetze alles das, was Forscher Sozialkapital nennen. Je älter Menschen werden, desto eher schätzen sie die Beständigkeit von festen Partnerschaften.

Sein: Darunter fällt all das, was zur Verwirklichung unserer selbst, unserer Ziele beiträgt. Menschen die Interessen haben und verfolgen, bewerten ihr Leben durchweg besser. Der Grund dafür besteht nicht zuletzt darin, dass Tätigkeiten, die unsere Energie wecken, die uns begeistern, mit denen wir uns verbunden fühlen, oft sinnstiftend sind. Eine verlässliche Glücksquelle ist zudem soziales Engagement. Forscher haben herausgefunden, Fürsorge befriedigt kognitiv, weil wir davon überzeugt sind Gutes zu tun. Aber auch emotional, anderen Freude zu schenken, strahlt auf unser Gemüt ab.

Wenn einer der drei Faktoren wegbricht, kann das Lebensglück sehr schnell ins Wanken kommen.

Frage:

Muss man für ein glückliches Leben viel investieren?

Niemand muss ein großes Vermögen haben und seine Wochenenden / Urlaube mit Aktivitäten vollpacken, um eine Chance auf hohe Lebenszufriedenheit zu haben. Es geht eher darum, die drei Faktoren im Blick zu behalten, auszubalancieren.

Die Glücksforschung zeigt:

Mit einem durchschnittlichen Einkommen, einem passenden Partner an der Seite, einigen guten Freunden und einem erfüllenden Hobby sind viele Voraussetzungen gegeben, sehr glücklich mit sich und seinem Leben zu sein. Wer dem Glück allzu angestrengt hinterherjagt, steht sich im Zweifel selber im Weg. Hängen Sie ihr Herz nicht an die unbedingte Erfüllung ganz bestimmter Erwartungen. Vertrauen Sie eher Ihrer eigenen Intuition und fragen Sie sich dann und wann, ob einer der Lebensbereiche womöglich mehr Aufmerksamkeit, mehr Pflege bedarf.

Wer bei jeder Gelegenheit und Entscheidung nach dem Optimum strebt, wird nie zufrieden sein können. Die Welt ist **polar** angelegt und nicht nur einseitig befahrbar.

Polarität ist u.a. ein Ausdruck der Philosophie für das Verhältnis sich gegenseitig bedingender Größen. Eine Polarität besteht aus einem Gegensatzpaar und der Beziehung zwischen den Polen: hell - dunkel, kalt-heiß, schwarz - weiß, Mann - Frau, Liebe - Hass, arm - reich, krank-gesund usw. Wobei einem einzelnen Pol nie eine Wertung (etwa gut oder schlecht) zukommt. Die Pole sind die zwei gegenüberliegenden Enden derselben Sache, untrennbar zu einer Einheit verbunden und bedingen einander. Tag lässt sich nur im Kontrast zur Nacht definieren, Heiß nur, wenn es auch Kalt gibt, keine Armut ohne Reichtum.

Ein zufriedenes Leben führt nur, wer den Umgang mit Unglück beherrscht, sagt der US Theologe Clemens Sedmak. Dafür braucht man eine positive Grundhaltung und enge Bande zu anderen Menschen. Glück hat viel mit der Einstellung zum Leben zu tun, ja selbst den widrigsten Umständen, auch das Gute abgewinnen zu können. Es bedarf der Fähigkeit, mit Unglück umgehen zu können, die eigenen Grenzen, mit Scheitern und Leid zu erkennen. Wer trotz aller Widrigkeiten aktiv und positiv bleibt, wird mit etwas Abstand zufrieden sein mit seinem Leben. Zum anderen braucht es Gemeinschaft, erst eine Gemeinschaft die uns spiegelt, in der wir einen Platz haben, macht uns zu langfristig zu glücklichen Menschen.

2. Was bringt uns glücklich sein und was bremst uns aus?

(Eduard Diener)

Glück fördert die psychische und physische Gesundheit.

Glück fördert kognitive Fähigkeiten, Flexibilität und Kreativität.

Glück erleichtert das Leben.

Glück begünstigt Moralität und beruflichen Erfolg.

Glück führt zu beglückenden Denk- und Verhaltensweisen, zum Beispiel positiverem Sehen, Denken, oder auch seltenem Grübeln.

Glück bewirkt einen aktiveren Bezug zum Leben, besonders wichtig im Alter.

Glück begünstigt eine hohe Bewusstheit, Sensibilität und Offenheit der Realität gegenüber.

Glück fördert eine empathische, soziale Orientierung auf die Mitmenschen.

Glück hat eine integrierende, identitätsstützende Wirkung auf die gesamte Persönlichkeit.

Glückliche Menschen haben im Leben gelernt, mit den Herausforderungen und Problemen konstruktiv umzugehen. Sie nehmen dankbar zur Kenntnis, dass sie die Probleme lösen können, weil sie sich selbst vertrauen und wissen, dass sie dazu auch in der Lage sind.

Glücksbremsen:

Gewöhnung, an alles Gute und Neue gewöhnen wir uns sehr schnell, es wird selbstverständlich.

Vergleich, jemand ist Klüger, Schöner, Erfolgreicher, wobei materielle Güter oder beeindruckende Leistungen überraschend wenig Einfluss auf unser Glücksniveau haben.

Eigene Erwartungshaltung, ist oft sehr hoch und unrealistisch.

Glücksbremsen erkennen und vermeiden:

Wenn Ihnen alles als zu viel erscheint, ist ein heilsamer Rückzug oft die beste Strategie, damit Sie lernen ihre Grenzen zu akzeptieren. Was Ihr Maß ist, sollten Sie sich nicht von anderen vorschreiben lassen, sondern selber festlegen und verteidigen. Tun Sie was sie gerade brauchen und folgen Sie ihrem Gespür. Spüren Sie, was Sie sich zumuten können und wollen, letztlich sind Sie für ihren Ärger verantwortlich. **Innere Zufriedenheit ist die Lösung**, wenn es Ihnen gelingt das zu schätzen, was Sie haben und nicht auf das zu schauen, was Sie vermeintlich nicht haben.

Setzen und achten Sie Grenzen und finden Sie Ihre Mitte.

(Anselm Grün, Ramona Robben, Grenzen setzen-Grenzen achten, Herder Verlag, 8. Grenzenlose Menschen S.63 bis 68)

Die eigene Mitte:

„Wer in seiner eigenen Mitte ist, ist gegen Verletzungen seiner Grenzen am ehesten gefeit. Er oder sie ist mit sich selbst in Berührung und tut das, was er / sie von innen heraus für sich als stimmig spürt. Wir lassen uns häufig von den Erwartungen und Urteilen der anderen bestimmen. Wir stehen nicht zu dem, was wir für richtig halten. Sobald der Meinungsdruck von außen zu groß wird, verlassen wir die eigene Mitte. Aus Rücksicht auf die Meinungen um uns herum passen wir uns an. Damit verlieren wir unsere Kontur, wir verschwimmen und verlieren zugleich unsere Selbstachtung.

Wenn wir uns zu oft den Erwartungen der anderen anpassen, geht das Gespür verloren, was wir selber wollen. Wir sind nicht mehr in Kontakt mit unseren eigenen Gefühlen. Immer wenn wir uns gedrängt fühlen, alle Fragen der anderen zu beantworten, sind wir in Gefahr, uns in die Enge treiben zu lassen. Wir haben die Grenzüberschreitungen der anderen bereits zugelassen. Wir agieren nicht mehr souverän, weil wir den anderen keine Grenzen zugewiesen haben, die nicht zu überschreiten sind. **Die eigene Grenze zu betonen, ohne sich rechtfertigen zu müssen, ist ein Weg, der uns viel Energie und Kraft ersparen kann.**

Es gibt Menschen, die keine Grenze mehr haben. Solche Menschen sind nie bei sich selbst, sondern immer bei den anderen. Wer alle Äußerungen der anderen auf sich bezieht und die Gefühle und Stimmungen der anderen in sich aufnimmt, weiß gar nicht mehr, **wer er selbst ist und wo er steht.**

Es handelt sich hierbei um sogenannte **konfluente Menschen,** die es auch in Familien gibt.

Da lebt der Sohn oder die Tochter nicht ihr eigenes Leben, sondern sie vermischen sich mit dem Vater oder der Mutter. Die Gedanken der Mutter sind auch in der Tochter oder im Sohn und umgekehrt. Eigene Entscheidungen zu treffen ist nicht mehr möglich, sie denken wie die Eltern. Es gibt keine Grenzen mehr. Die Konsequenz: keiner findet einen eigenen Stand. Jeder ist von den Emotionen des anderen durchdrungen, alles fließt zusammen zu einem undurchsichtigen Chaos".

Tipp3: Ein Weg, sich von den Emotionen und Schattenseiten der anderen abzugrenzen, besteht darin, gut mit sich in Berührung zu sein. Grenzen Sie sich ab, indem sie die Gedanken und etwaige Urteile der Menschen nicht in sich aufnehmen, sondern leben Sie aus sich heraus und nicht mehr aus den anderen. **Setzen- und achten Sie Grenzen.**

Eine weitere Glücksbremse ist die **eigene Erwartungshaltung.** Erwartungen sind die getroffenen Annahmen, was und wie der oder die andere tun würde, oder tun sollte!

Erwartungen können natürlich **enttäuscht** werden, wenn das Ergebnis nicht den eigenen Annahmen entspricht. Konflikte (eigene innere und kommunikative) sind somit vorprogrammiert!

Tipp4: Trennen Sie die Ereignisse Ihres Lebens von Ihrer Erwartungshaltung wie das Leben Ihrer Meinung nach verlaufen sollte! Das ist der erste Schritt zur Balance. (Die Formel für Glück, Mo Gawdat, Redline Verlag S.35)

Die Formel für das Glück. (Die Formel für Glück, Mo Gawdat, Redline Verlag Abb.S.35)

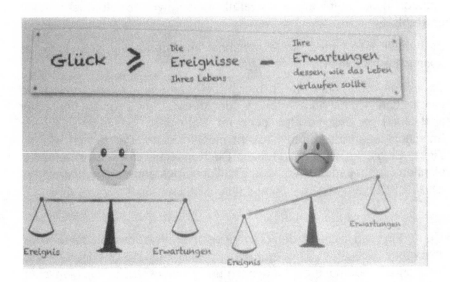

3. Was kann/muss jeder selbst tun, um glücklich(er) zu werden?

Räumen Sie der **Zeit** mehr Priorität ein.

Streben Sie **seelische Balance** an.

Bauen Sie **emotionale Kompetenz** auf.

Unsere Zeit:

„Die Zeit ist eine begrenzte Ressource, das ist die zentrale Tatsache unseres Lebens.

(Anselm Grün, Ramona Robben, Grenzen setzen-Grenzen achten, Herder Verlag, Seite 41 bis 43, Zeitgrenzen)

Zeitgrenzen:

Unsere Zeit ist begrenzt. Die Zeit, die wir für die Arbeit, für die Begegnungen, für das Lesen, für uns, für die Partnerschaft, zum Entspannen zur Verfügung haben, ist beschränkt. Der biologische Zeitrhythmus setzt uns natürliche Grenzen, wir werden müde und kommen an unsere individuelle Leistungsgrenze. Manche wollen die Zeit überlisten, indem sie immer mehr und schließlich zu viel in eine bestimmte Zeitspanne hineinpacken. Jede Minute muss ausgenutzt werden. Doch irgendwann wird man dadurch unfähig, die Zeit überhaupt noch wahrzunehmen. Eine schmerzliche Zeitgrenze erleben wir mit dem Älterwerden, manches geht nicht mehr so gut wie früher. Viele überspringen ihre Zeitgrenzen vornehmlich bei der Pensionierung, doch die Missachtung meldet sich dann nicht selten in einem körperlichen Zusammenbruch. Sie finden sich nur schwer damit ab, bei Entscheidungen nicht mehr gefragt zu werden, ohne Terminkalender zu sein, der ihre Wichtigkeit dokumentiert.

Doch zur Weisheit des Menschen gehört es, sich einzugestehen, dass uns Grenzen gesetzt sind, die wir nicht überschreiten sollten: die Grenze unserer Fähigkeiten, unseres Körpers, und unseres Geistes, und schließlich auch die Grenze unseres Lebens".

Räumen Sie Ihrer verfügbaren Zeit mehr Priorität ein:

Um Glück anzustreben, sollten Sie sich überlegen, **wie Sie ihre Zeit** so verwenden, dass Sie ein hohes Maß an Zufriedenheit erfahren. Verschieben Sie nichts auf später!

Tipp5: **Stellen Sie sich folgende Fragen:**

Wie viel Geld- und Güterwohlstand ist mir wichtig?

Wie viel Zeitwohlstand und vor allem selbstbestimmte Zeit benötige ich?

Was ist mir im Leben wichtig und wieviel Zeit bin ich dafür bereit einzusetzen?

Wer weniger das Geld und mehr seine Zeit priorisiert, kann beide Ressourcen so austarieren, dass er dabei glücklicher wird.

Seelische Balance:

Unsere Gefühle: (Sonderausstellung, Wunderwerk Gehirn, Salzburg 2021)

Gefühle begleiten uns täglich. Im Lauf des Lebens lernen wir, mit unserer Gefühlswelt umzugehen. Denn Gefühle beeinflussen Gedanken und umgekehrt. Sie bieten zudem große Motivation für Handlungen und sind Signale, die uns sehr schnell mitteilen, ob wir etwas gut finden oder nicht, ob wir etwas meiden oder vermeiden sollten. Gefühle sind die Sprache der Seele, die nicht nur in Worten, sondern auch in Blicken, in Mimik, Gestik und Verhalten Ausdruck findet. Das ganze Leben hindurch prägen diese verbalen und nonverbalen Ausdrucksformen die Atmosphäre zwischen Menschen und sorgen dafür, dass sie sich nahe sein können oder nicht mehr nahe sein wollen. Nicht immer sind es die guten Gefühle, die dabei zum Vorschein kommen, denn auch Gefühle unterliegen dem Gesetz der **Polarität.** Es geht daher um einen behutsamen, bedachten und zeitgemäßen Umgang mit unseren Gefühlen, die sich evolutionär entwickelt haben. Gefühle rufen so gut wie immer körperliche Reaktionen hervor wie, Erregung, Angst Stress oder Glück.

Nicht was wir erleben, sondern wie wir empfinden, was wir erleben, macht unser Schicksal aus. (Marie von Ebner-Eschenbach)

Wahrnehmungswelten: (Sonderausstellung, Wunderwerk Gehirn, Salzburg 2021)

Die Wahrnehmung jedes Lebewesens hängt zum einen davon ab, wie sensibel Nase, Ohr, Auge, Zunge und Haut sind. Zum anderen filtert das Gehirn wichtige Sinneseindrücke aus einer Flut von Reizen. Aber wie real ist die eigene Wahrnehmung? Das Gehirn vergleicht die vielfältigen Reize mit den eigenen Erfahrungen und Erwartungen. Im Gehirn jedes Lebewesens entsteht auf diese Weise ein einmaliges Bild von der Welt.

Um Gefühle wahrzunehmen und zu regulieren, gibt es nach dem Psychologen Daniel Kahneman grob eingeteilt, **zwei Stile**.

Den **emotionalen** und den **kognitiven** Stil. Keiner der Stile ist besser oder schlechter. Die Balance zwischen den beiden ist entscheidend.

Emotionaler Stil:

Emotionsgeladene Konflikt- und Problemsituationen werden spontan über Gefühle reguliert. Dies ist vor allem in gefährlichen oder komplexen Situationen vorteilhaft. Ein Übermaß des emotionalen Stils führt hingegen zu Gefühlsausbrüchen, die meist nicht sehr hilfreich sind. Unser Glückslevel beginnt zu sinken.

Kognitiver Stil:

Dominiert der kognitive Stil, wirken Menschen auch in gefühlsgeladener Situation eher ruhig und vernünftig, manchmal auch kühl und distanziert. Um dieses Bild zu erzeugen, unterdrücken sie Gefühle, versuchen diese in vernünftige Gedanken umzuwandeln oder bieten rasch Problemlösungen an.

Emotionale Kompetenz:

(Wahrnehmungswelten, Sonderausstellung Wunderwerk Gehirn, Salzburg 2021)

Die moderne Hirnforschung zeigt, dass unser **Emotionsgehirn** noch vor unserem **Denkgehirn** über unser Handeln entscheidet und zwar auf der Basis von Erinnerungen, alten Bildern und Gefühlen. In dem Augenblick, in dem ein Sinnesreiz unser Nervensystem erreicht, wird dieser im Emotionsgehirn - dem limbischen System blitzartig eingeordnet. Bereits in diesem Moment fällt aufgrund unserer bisherigen Erfahrungen die Entscheidung, ob dieser Reiz uns **stresst, neutral** oder **aufbauend** wirkt.

Erst eine halbe Sekunde nach diesem limbischen Alarm erreicht diese Information unser Denkgehirn, den Neocortex. Oft ist es dann zu spät, um rational zu agieren. Wir reagieren bereits spontan, ungefiltert, emotional und manches Mal eben auch unerwünscht. Wir müssen also unser Emotionsgehirn trainieren, um unsere gewohnten (oft negativen) Verhaltensmuster aufzugeben. Mit dem Glück ist es deshalb nicht so einfach, es entsteht nämlich im Kopf und ist sehr viel mehr ein Ergebnis unseres Denkens, also hirnphysiologischer Abläufe, als äußerer Lebensumstände.

„Zahlreiche Studien deuten darauf hin, dass sich eine **ausgeprägte emotionale Kompetenz**, positiv auf das Wohlbefinden und unsere körperliche Gesundheit, die Qualität unserer sozialen Beziehungen und den beruflichen Erfolg auswirkt.

Gefühle so handhaben, dass sie der Situation angemessen sind (nicht dramatisieren oder verharmlosen). Dazu gehört die Fähigkeit, sich selbst zu beruhigen und Gefühle der Angst, Gereiztheit, Enttäuschung oder Kränkung abzuschwächen und positive Gefühle zu verstärken. Dies hilft bei der Überwindung von Rückschlägen oder belastenden Situationen.

Forscher schätzen, dass jeder Mensch täglich Zehntausende Gedanken hat. Könnte man sie aufschreiben, würden sie Tag für Tag mehrere Bücher füllen. Diese geistige Aktivität findet nicht allein in unserem Gehirn statt, sie nimmt auch Einfluss auf den Organismus. Unser Denkorgan kommuniziert mit jeder Zelle im Körper. Es ist eine gesicherte Erkenntnis, dass unser Geist mitbestimmt, wie es unserem Körper geht. Gedanken prägen den Körper mit". (Anna Schaffner, GEO-Wissen Nr.74 Seite 22 bis 28)

Warum gibt es negative Emotionen/ Gefühle?

(Wahrnehmungswelten, Sonderausstellung Wunderwerk Gehirn, Salzburg 2021)

Negative Emotionen dienen uns zum Erkennen und Vermeiden von Gefahren und auch zum Durchsetzen eigener Ziele. Außerdem kann es ein Hinweis für einen Veränderungsbedarf sein.

Was sind grundlegende negative Emotionen / Gefühle?

- Ärger, Zorn und Wut
- Angst und Furcht
- Erschrecken
- Ekel und Verachtung
- Trauer und Verzweiflung
- Schuld und Scham
- Neid und Eifersucht

Warum gibt es positive Emotionen/ Gefühle?

Mehr Erfahrungen mit positiven Emotionen führen zum Aufblühen, erweitern neue Gedanken, Aktivitäten, Beziehungen und persönliche Ressourcen, machen uns glücklicher.

Was sind grundlegende positive Gefühle?

- (Vor) Freude
- Gelassenheit
- Dankbarkeit
- Interesse
- Hoffnung
- Stolz
- Belustigung/ Amüsieren
- Anregung
- Ergriffenheit
- Gegenseitige Verbundenheit, Geborgenheit
- Liebe
- Sicherheit

Psychisch gesunde Menschen sind mit vielen Reizen aufgewachsen, demzufolge kann man annehmen, dass wir im Wesentlichen aus demselben Repertoire an Emotionen schöpfen.

Ideal ist es, wenn wir nicht von Angst, sondern von aufbauenden Emotionen geleitet werden. Um den Emotionshaushalt zu regulieren, können wir unsere Fähigkeiten zur Selbstwahrnehmung, Selbstregulation und Reflexion (Metakognition) einsetzen.

Die meisten Sorgen, die wir uns machen, rühren aus dem Glauben an Ängste, Sorgen und seelischen Schmerzen und entstammen oft aus der Vergangenheit.

Wie können wir unsere Gefühle regulieren bzw. kontrollieren?

Negative Emotionen (Anna Schaffner, GEO-Wissen Nr.74, Seite 22 bis 28)

Tipp6: „Erkennen Sie negative Gedanken, oder unangenehme Emotionen, akzeptieren Sie diese und schaffen eine innere Distanz, ohne sie sofort verändern oder bekämpfen zu wollen. Je weniger Energie Sie in negative Gedanken investieren, desto früher lassen sie nach. Stellen Sie sich einen Wasserball vor, den Sie ständig versuchen unter Wasser zu drücken. Der Ball steht für Ängste, Sorgen oder seelische Schmerzen. Wenn Sie immerzu drücken, also versuchen zu kontrollieren entgleitet Ihnen der Ball immer wieder und schießt an die Oberfläche. Wenn Sie aber zulassen, dass er an die Oberfläche kommt, wird er dort irgendwann still treiben und nicht weiter für Turbulenzen sorgen.

Konkret heißt das, Sie sind nicht ihre Gedanken. Resümieren Sie zum Beispiel morgens und abends, welche Gedanken den Tag über vorgeherrscht haben, um Negatives sogleich aktiv infrage zu stellen. Denn fast jeder trägt eine negative Selbst Geschichte in sich. Es lässt sich trainieren, dieses **Selbstbild zu verändern**: Aha, ich denke schon wieder die alte Verlierer Geschichte, nimmt mit der Zeit dem Gefühl die Schärfe! Am effektivsten ist eine Kombination von Akzeptanz und Techniken, die uns daran erinnern, **dass unsere negativen Gedanken einfach nur Gedanken, Urteile, Geschichten, Worte sind, nicht die Realität!**

Alte Glaubenssätze auflösen:

Wenn es Ihnen gelingt ihre alten Glaubenssätze aufzulösen und stattdessen die Realität wahrzunehmen, dann entledigen Sie sich überflüssiger Selbstzweifel und können (fast) jedes Problem lösen. Je besser Ihnen das gelingt, desto klarer werden Ihre Wahrnehmung und ihr Bewusstsein für das, was tatsächlich ist. **Übernehmen Sie die Verantwortung für ihre Wahrnehmung, ihr Fühlen, Denken und Handeln.**

Warten Sie bitte nicht darauf, dass da draußen in der Welt etwas passiert, was Sie erlöst. Warten Sie nicht auf die Anerkennung von Menschen, die sie ihnen nicht geben können, weil sie zu sehr in ihren eigenen Schatten gefangen sind. Nehmen Sie sich jeden Tag vor, an diesem Leben teilzunehmen, es mitzugestalten. Lassen Sie ihr Leben nicht einfach widerfahren, sondern erlauben Sie sich Visionen und Ziele zu haben und für sie zu kämpfen. Vergessen Sie auch nie, für Freude und Spaß in ihrem Leben zu sorgen. Wem nützt eine schlechte Laune? Wir sollten unser Leben genießen und dabei auch darauf achten, dass es auch anderen Menschen gut geht". (Anna Schaffner, GEO-Wissen Nr.74, Seite 22 bis 28)

Im Alltag machen wir häufig Ereignisse oder Personen für die eigene (negative) Stimmung verantwortlich.

Letztlich entscheiden **wir aber selbst,** wie wir uns fühlen möchten, denn zwischen dem Ereignis oder der Person und unserer Stimmung, ist eine vermittelnde Komponente zwischengeschaltet:

unsere subjektive Bewertung.

Jeder von uns hat eine Geschichte an der wir ständig arbeiten, die wir umkonstruieren. Unsere Einstellung zu anderen Menschen ist immer auch durch unser Selbstverständnis mitbestimmt und umgekehrt. Wir verhalten uns zu den anderen immer auch so, wie wir uns zu uns selbst verhalten, wir realisieren in unseren vielfältigen persönlichen Beziehungen immer auch unser eigenes ideales Selbstbild, aber auch unsere Ängste. Wir idealisieren unsere Mitmenschen nicht nur, sondern degradieren sie auch oder unterstellen ihnen Einstellungen, die sie gar nicht haben, weil wir sie als **Projektionsfläche** unser eigenen Selbstverhältnisse verwenden, was sich übrigens niemals völlig überwinden lässt. Genau deswegen können wir auch von anderen erfahren, wer wir eigentlich selbst sind, weil ein großer Teil unserer Persönlichkeit aus unserer Einstellung zu anderen in entfremdender Form auf uns selbst zurückstrahlt.

Positive Emotionen sind wichtig für unser Leben, sie verleiten uns zwar nicht spontan zu handeln, dafür wirken sie langfristig und nachhaltig. Denn erst die positive Resonanz mit anderen oder auch das Mitgefühl ermöglichen uns, Gruppen zu bilden, in Gemeinschaften zu leben und uns fortzupflanzen. Machen Sie sich Ihre positiven Gefühle bewusst und nutzen Sie diese ganz aktiv. **Beobachten Sie sich,** reflektieren Sie von innen her, entwickeln Sie Güte, Warmherzigkeit, Liebe, Mitgefühl und Freundlichkeit.

Eine positive Sichtweise macht uns glücklicher, streben Sie Ihr Glück systematisch an.

Anmerkung:

Albert Einstein maß dem Bauchgefühl (unser 7.Sinn) im Forschungsprozess große Bedeutung zu.

Studien belegen, der erste Impuls ist meist der richtige.

Die Psychologie spricht von „implizites Erfahrungsgedächtnis"

Wir greifen ohne Bewusstheit automatisch auf unseren großen Erfahrungsschatz zurück.

Was sagt die Psychologie?

(Broaden and Build- Ansatz, Barbara Fredrickson)

Positive Gefühle erweitern den Bereich der Aufmerksamkeit, vergrößern den kognitiven Suchbereich und ermöglichen vielseitigere Problemlösungsmöglichkeiten.

Emotionen beeinflussen viele Faktoren menschlichen Verhaltens wie Engagement, Kreativität und Entscheidungsfreude.

Glück, definiert als Zustand verstärkter positiver Emotionen, hat einen grundlegenden positiven Einfluss auf unser gesamtes Leben.

Der Glücksquotient:

Es kommt auf das Verhältnis zwischen positiven und negativen Gefühlen an.

Faustregel: **4:1** im Tagesdurchschnitt.

Auf jedes schlechte Gefühl sollten also mindestens vier gute pro Tag kommen.

Für Beziehungen gilt: **5:1**

Hang zum Negativen (daran kann man gut arbeiten):

Leider wirkt das Gehirn wie ein Sieb für positive Erlebnisse, sie rutschen uns einfach durch.

Die negativen dagegen bleiben haften, wie an einem Klebeband.

Wir nehmen die guten Seiten des Lebens als gegeben hin, die schlechten ärgern uns.

Wer ein erfülltes Leben führen will, sollte Ziele verfolgen, die mit:

- persönlichem Wachstum
- zwischenmenschlichen Beziehungen
- Beiträgen zur Gesellschaft

verbunden sind, also Ziele, die es uns ermöglichen, unsere psychischen Grundbedürfnisse nach **Autonomie** (selbst entscheiden), **Kompetenz** (sich wirksam erleben) und **Zugehörigkeit** (verbunden sein) am besten befriedigen. (Eduard Diener)

4. Was macht uns nachhaltig glücklich(er)?

(Eduard Diener)

Nachhaltig glücklich (er) macht uns:

Dankbarkeit

Optimismus

Positive Beziehungen

Hilfsbereitschaft

Körperliche Aktivität

Achtsamkeit

Eigene Stärken einsetzen

Zielerreichung

Flow-Erfahrung

Weniger vergleichen

Was können wir tun?

Wahrnehmung verändern (Perspektiv-Wechsel vornehmen).

Bewertung verändern (Beobachten ohne zu bewerten).

Gewohnheiten verändern (zum Beispiel, negative Grundannahmen).

Neue Verhaltensweisen manifestieren auf gleiche Bedingungen anders reagieren, Besser reagieren. Erst wenn wir das neue Verhalten etabliert haben, kann es das alte ablösen.

Tipp7: Setzen Sie sich einen **Anker** in Ihr Gedächtnis. Denken Sie an ein tolles Ereignis und speichern dieses als Bild in ihrem Gedächtnis ab. Immer wenn Sie sich gestresst fühlen, schließen Sie kurz die Augen, atmen Sie ruhig und rufen mit einem inneren Lächeln ihr **Ankerbild** ab. Sie fühlen sich sofort besser und die Laune steigt.

Glück senkt den Stresslevel und stärkt die Immunabwehr, außerdem schütten glückliche Menschen geringere Mengen des Stresshormons Cortisol aus, bekommen seltener Diabetes, Bluthochdruck und Herzinfarkte. Glückliche Menschen leben länger, werden seltener krank und werden schneller wieder gesund.

Tipps zur Pflege Ihrer Psyche:

(https//www.gesundheit.gv.at/leben/psyche-seele)

Belastungen, Stress, Krisen oder einfach die täglichen Anforderungen des Lebens verlangen uns viel ab. Es können schon Kleinigkeiten sein, die den Alltag leichter machen.

Tipp8: **Gehen Sie achtsam mit sich selbst um:**

Welche Bedürfnisse habe Ich?

Welche Gefühle habe Ich?

Brauche ich eine Ich-Zeit?

Beleuchten Sie nicht langwierig Ihre Vergangenheit und stellen Defizite in den Mittelpunkt. Richten Sie Ihren Blick nach vorne und konzentrieren Sie sich auf Ihre Ziele, Wünsche und Denkweisen.

Tipp9: **Schenken Sie sich selbst Wertschätzung**, wenn Sie sich wieder einmal dabei ertappen, sich zum Beispiel abzuwerten. Nutzen Sie ihre vorhandenen Kräfte und Ressourcen. Sie haben eine Vielzahl guter Eigenschaften, zeigen Sie sie offen auch für andere.

Tipp10: **Entdecken Sie genussvolle Momente**, probieren Sie dabei auch Ihre Sinne (7) vermehrt einzusetzen.
Was riechen, schmecken, sehen, fühlen oder hören Sie? Schenken Sie sich und Ihren nächsten ein Lächeln, es wird Sie und Ihre Umwelt verändern! Gönnen Sie sich was und belohnen Sie sich selber. Tanzen Sie in den eigenen vier Wänden nach Ihrem Lieblingssong (6.Sinn der Bewegungssinn). Bitte vergessen Sie nicht den 7. Sinn (Ihr Bauchgefühl).

Tipp11: **Bleiben Sie offen für Neues**, etwas neues Lernen oder kennenlernen oder sich auch einmal vom Leben überraschen lassen, kann sehr bereichernd sein. Lassen Sie ihr Leben einfach mal auf Sie zukommen.

Tipp12: **Hinterfragen Sie auch einmal Grundannahmen** (Schatten oder Sonnenkind) über sich selbst, dabei geht es darum, wie wir uns selbst schätzen oder was wir uns zutrauen. Zum Beispiel, Ich bin ungeschickt oder Ich bin ein Optimist. Negative Grundannahmen können sehr belastend sein und Stress verursachen. Es lohnt sich hin und wieder diese zu hinterfragen. Dabei kann man sich überlegen, ob es **neue Glaubenssätze** gibt, die mittlerweile passender erscheinen und das Wohlbefinden fördern könnten. Reflexion ist das beste Steuerprinzip des eigenen Handelns.

Tipp13: **Bewerten Sie Fakten bzw. Erlebnisse neu**, betrachten Sie sie von einer anderen Perspektive, die auch positive oder konstruktive Blickwinkel zulässt. Dabei geht es aber nicht darum, sich etwas schön zu reden.

Tipp14: **Entwickeln Sie Problemlösungsstrategien**, Dinge oder Situationen zu vermeiden, kann einen wichtigen Zweck erfüllen. Zu viel Vermeidung ist jedoch langfristig nicht günstig. Tasten Sie sich in kleinen Schritten heran.

Was hilft mir in dieser Situation?

Aus welchem Erfahrungsschatz kann ich schöpfen?

Lassen sich die Umstände ändern?

Aktivieren Sie Ihr Bauchgefühl und denken Sie darüber nach, ob Sie etwas Verzeihen sollten, oder alte und lange Streitereien beenden können.

Tipp15: **Schulen Sie sich in Akzeptanz**, das bedeutet jedoch nicht, alles einfach hinzunehmen. Manches ist jedoch nicht oder schwer abänderbar. Übernehmen Sie Eigenverantwortung, nicht alles liegt in Ihrer Hand, aber es gibt vieles, das man beeinflussen kann zum Beispiel die Gefühle oder den Lebensstil.

Tipp16: **Drücken Sie Ihre Gefühle aus**, Gefühle lösen sich nicht in Luft auf, indem man sie unterdrückt. Sie wollen früher oder später in jeder Situation- und in angemessener Weise zum Ausdruck gebracht werden. Langfristige Unterdrückung führt zu Übererregung des Nervensystems und erhöht in der Folge unter anderem das Risiko einer Depression oder eines Burnouts. Erkennen und akzeptieren Sie Ihre Emotionen während sie auftreten und reagieren Sie angemessen. Steuern Sie ihre Gefühle aktiv.

Tipp17: **Konzentrieren Sie sich auf das Wesentliche**, werden Sie von Gefühlen überhäuft, versuchen Sie, sich auf das im Moment Wichtige oder auf eine ruhige Atmung zu fokussieren. Dadurch gewinnen Sie wieder Boden unter den Füßen. Probieren Sie es mit Humor, durch eine humorvolle Sichtweise ergeben sich manchmal neue Perspektiven und eine gewisse Lockerheit.

Tipp18: **Verabschieden Sie sich von Gefühlen**, die nicht mehr gebraucht werden, alter Groll (Vergangenheit) oder Angst, obwohl längst keine Gefahr mehr droht, können beispielsweise zu großen Hemmschuhen für die weitere persönliche Entwicklung werden.

Tipp19: **Grenzen Sie sich ab**, in manchen Situationen kann es leicht zur Verwechslung der eigenen Gefühle mit jenen anderer kommen. Hier hilft es, sich immer wieder zu fragen:

Was fühle ich eigentlich gerade?

Sagen Sie auch manchmal **Nein** (zur Selbstfürsorge). Fokussieren Sie sich auf die Gegenwart, denn nur in der Gegenwart findet das Leben statt.

Tipp20: **Erlernen Sie Entspannungstechniken oder Achtsamkeitstechniken**, um einfach mal abschalten zu können. Tun Sie einfach einmal Nichts und geben Sie sich der Muße hin. Hören Sie Musik, Lesen Sie ein Buch. Zu wissen wie man sich entspannt, ist für viele Menschen eine große Herausforderung. Doch wenn man es weiß und anwenden kann, ist es ein großes Geschenk. Es gibt zweierlei Arten von Ruhe: bei der **aktiven Ruhe** (Bewegung) will man sich spüren, das Herz auspumpen lassen. Dieser Ansporn führt zur Ruhe. Die zweite, die **passive Ruhe**, ist das Erleben der Stille (Meditation).

Tipp21: **Pflegen Sie soziale Kontakte und Beziehungen**, durch den Kontakt mit Ihren Mitmenschen/ Freunde/innen können Sie sich über Gefühle austauschen und erhalten auch Rückmeldung aus einem anderen Blickwinkel. Schenken Sie anderen Menschen eine kleine Aufmerksamkeit, ein lächeln oder ein Kompliment wirken oft Wunder. Pflegen Sie Ihre Beziehungen: zum Beispiel vereinbaren Sie täglich mit Ihrem Partner/in **die schönste Stunde** oder wöchentlich den **schönsten Tag**. Verreisen Sie einfach mal über das Wochenende ohne Smartphone und andere Störfaktoren.

Gönnen Sie sich eine Auszeit.

Tipp22: **Machen Sie sich mit den Regeln einer gelungenen Kommunikation vertraut**, siehe **Punkt 6.**, mögliche emotionale Störungen der Kommunikation.

Tipp23: **Werden Sie unabhängiger von äußeren Reizen und Umständen.**

Fragen Sie sich:

Welche Macht gestehe ich diesen zu?

Wie bestimmend dürfen Sie für mein inneres Befinden sein?

Muss ich immer online und erreichbar sein?

Muss ich mich mit den anderen vergleichen?

Muss ich immer das Neueste haben?

Muss ich immer bewerten und urteilen?

Tipp24: **Vermeiden Sie nicht hilfreiche Bewältigungsstrategien**, ein gewisses Maß an **unangenehmen Gefühlen** gehört zum Leben.

Tipp25: **Setzen Sie sich (kleinere) Ziele**, und wertschätzen Sie die kleinen Schritte auf dem Weg dorthin.

Tipp26: **Begeistern Sie sich**, es hilft um sich selbst weiterentwickeln zu können. Sich für andere Menschen zu begeistern lohnt sich, weil sie uns bereichern können. Begeisterung für die Natur lohnt sich, weil sie einen wunderbaren Ausgleich zu der täglichen Arbeit bietet und Energiequelle ist.

Tipp27: **Bauen Sie Bewegung und gesunde Ernährung** in Ihr Leben ein, ob ein Spaziergang, eine Wanderung oder Ihre Lieblingssportart. Gesunde Bewegung und Ernährung baut Stress ab und unterstützt Sie bei Ihrer Gefühlsbewältigung.

Tipp28: **Führen Sie ein Glückstagebuch**, um sich positive Gefühle und Glücksmomente stärker vor Augen zu führen. Dinge die den Tag kostbar gemacht und was Sie persönlich dazu beigetragen haben. Mindestens 3 Dinge beschreiben.

Tipp29: **Genießen Sie die Stillen Momente.** Meditieren Sie, hören Sie Ihre Lieblingsmusik, betrachten Sie schöne Dinge um Sie herum, gehen Sie in den Wald, riechen, atmen und fühlen sie die Kraft der Natur. Sobald Sie einen Wald betreten, schlägt das Herz ruhiger, der Blutdruck sinkt, Stresshormone werden abgebaut. Die Natur stimuliert die Sinne auf eine wohltuende Weise, die wir im Alltag oft vernachlässigen.

Der Astronaut und Physiker Ulrich Walter zitierte die Stille des Weltalls wie folgt:

In der Stille des Weltalls verstand ich, wie groß die Selbstüberschätzung von uns Menschen wirklich ist. Tatsächlich spielen wir in diesem kosmischen Entwurf nicht die geringste Rolle. (Ulrich Walter)

Meditation schärft den Geist (Dipl. Psychologe Ulrich Ott)

„Meditation ist ein mentales Training der Aufmerksamkeitssteuerung. Durch das tägliche Wiederholen werden Sie immer besser darin, einerseits die Aufmerksamkeit auf ein Objekt zu halten, andererseits merken Sie früher, wenn Sie abgeschweift sind.

Meist sind Sie bei vielen Alltagshandlungen, gar nicht in der Erfahrung des gegenwärtigen Moments, sondern schon in Gedanken ganz woanders.

Die Achtsamkeits-Meditation ist geeignet, die Aufmerksamkeit im Hier und Jetzt und im Körper stärker zu verankern. Dadurch verbessert sich Ihre Körperwahrnehmung, Ihre Aufmerksamkeitsregulation und Ihre Emotionsregulation. Insgesamt steigert es Ihr Wohlbefinden.

Sie werden schnell merken, dass das regelmäßige Meditieren ein breites Spektrum von Wirkungen hat. Sie erlangen mehr Authentizität und Integrität und werden eins mit sich selbst.

Wir haben eine hohe Informationsdichte, sind ständig erreichbar übers Handy.

Die Meditation bietet einen Schutzraum, den Sie nur für Sie haben, wo Sie sich zurückziehen, besinnen und wo Sie inneres Wachstum betreiben können.

Viele von uns sind funktionalisiert, wie ein Rädchen im Getriebe der Wirtschaft, der Familie oder des eigenen Egos. Gefühlsmäßig reagieren wir meist nur auf Anforderungen. Das Selbstbestimmte, Lebendige, Kreative, Im-Fluss-Sein kommt zu kurz".

Tipp30: Schalten Sie ihren **inneren** Kommentator leiser. Beobachten Sie nur noch ohne zu werten.

Tipp31: Genießen Sie die Momente des Innehaltens und bauen diese Momente in ihren Alltag ein. Der Weise beschleunigt nicht sein leben.

Tipp32: Benutzen Sie nicht mehr den Aufzug, sondern das Treppenhaus. Konzentrieren Sie sich auf jeden Schritt und gehen ganz bewusst langsam, federnd auf den Fußballen. Achten Sie auf ihren Atem.

Die genannten Tipps stellen lediglich Orientierungspunkte dar. Es geht darum, was Sie selbst für den Umgang mit Ihren eigenen Gefühlen tun können und was sich für Sie persönlich als hilfreich erweist. Setzen Sie sich lieber kleinere Ziele, die Sie auch realistisch erreichen können.

5. Starterpaket zur Veränderung:

Sie spüren gerade, dass das Leben das Sie führen nicht glücklich macht und deshalb etwas verändern möchten.

Leider wissen viele gar nicht was sie wollen, oder haben einfach Angst vor einer Veränderung.

Was kann ich tun?

Finden Sie in einem Selbstreflexionsprozess heraus, worum es ihnen genau geht.

Übung1: Beantworten Sie folgende Fragen:

Was macht mich so unzufrieden?

Was fehlt mir in meinem Leben?

Was könnte ich anders machen?

Was würde ich tun, wenn ich keine Angst mehr hätte?

Was macht mich aus und einzigartig?

Worauf bin ich stolz?

An welchem Punkt stehe ich jetzt?

Was habe ich für (neue) Ziele?

Wer will ich sein?

Übung2: Schöpfen Sie ihr Potenzial mit folgenden Fragen:

Was ist mir wichtig im Leben?

Was sind meine Wertvorstellungen?

Was kann ich besonders gut?

Was würde ich mit ganzer Leidenschaft tun wollen?

Wo genau liegt mein Potenzial?

Übung3: mit dem Blick aus der Kindheit:

Was wollte ich in der Welt tun oder gar verbessern?

Was habe ich gerne gemacht?

Was machte mir so richtig Freude?

Was wollte ich anders machen als meine Eltern?

Was wollte ich werden, wenn ich groß bin?

Mögliche Technik:

Erstellen Sie einen Ideenkorb und falls Sie (wirklich) gute Freunde, oder Verwandte haben, zapfen Sie deren Denkkapazitäten und Kreativität an. Die gesammelten Ideen werden sorgfältig geprüft und mit ihren Gefühlen verifiziert.

Was löst die Idee in Ihnen aus?

Entscheidungen sind immer gut, wenn Verstand und unbewusstes koordiniert werden. Unser Erfahrungsgedächtnis hilft mit den sogenannten semantischen Markern, das sind emotionale Bewertungen, die Ihnen sagen war gut oder war schlecht. Achten Sie auch auf ihre Körpersignale, die an ihre Gefühlsbewertung gekoppelt ist.

Nehmen Sie eine Idee nach der anderen aus dem Ideenkorb und erfühlen Sie, was es bei Ihnen auslöst. Davon erstellen Sie eine Affektbilanz mit plus + oder minus -. (ZRM, Maja Storch, Frank Krause)

Treffen Sie eine Entscheidung!

Tipp33: Führen Sie ein Glückstagebuch

(https://www.tu-braunschweig.de/gluecksforschung)

Schreiben Sie jeden Tag mindestens **3 gute Dinge** auf, die heute gut waren. Das können ganz kleine Dinge sein oder große Erfolge.

Außerdem schreiben Sie auf, was Sie selber dazu beigetragen haben und wofür Sie heute dankbar sind.

Die Übung hat das Ziel, Ihre Wahrnehmung und Bewertung glücksförderlich zu verändern und dadurch das eigene Glücksempfinden nachhaltig zu erhöhen.

Es lohnt sich, konsequent die Übung durchzuführen, schon nach einer Woche werden Sie Veränderungen in Ihrer Wahrnehmung feststellen. Außerdem werden Sie während des Schreibens positive Gedanken haben.

Mein Glückstagebuch: 3 gute Dinge

Übung 4

1. Was war heute gut?

....

....

....

2. Was habe ich selber dazu beigetragen?

....

....

....

3. Wofür bin ich heute dankbar?

....

....

....

Mein Selbstbild

Wer mit sich selbst in einer guten Beziehung steckt, begegnet der Welt offen und auf Augenhöhe, lebt in glücklichen Beziehungen und pflegt wertvolle Freundschaften und soziale Kontakte. Passt ihr interner Dialog, verfügen Sie auch über Resilienz und können auch Grenzen setzen und Grenzen achten. Unser **Selbstbild** bestimmt maßgeblich, wie zufrieden wir sind und wie gut wir mit schwierigen Anforderungen zurechtkommen. Wir reifen immer in Ruhephasen. Erst wenn wir innehalten und zur Ruhe kommen, können wir unsere Beziehungen, unsere Gedanken, unsere vermeintlichen Probleme klar erkennen. Während wir innehalten, sind wir nicht mehr in sie verstrickt. Wir können beiseitetreten und sie als das, was sie sind, annehmen.

Humor ist übrigens ein sehr guter Ratgeber in allen Lebenslagen, wenn Sie selbst über sich lachen können, sind Sie auf einem **sehr guten Weg**!

Prüfen Sie, Ihr Selbstbild anhand der folgenden 7 Säulen:

Übung5: **Bin ich noch:**

1. Selbstbewusst?   Ja: Nein:

2. Optimistisch?   Ja: Nein:

3. Habe ich die Handlungskontrolle?   ja: Nein:

4. Bin ich kontaktfreudig?   Ja: Nein:

5. Bin ich realistisch in meiner Einschätzung   Ja: Nein:
über das Leben?

6. Akzeptiere ich das, was ist?   Ja: Nein:

7. Bin ich lösungsorientiert?   Ja: Nein:

Die effektivste Möglichkeit der Veränderung Ihrer Verhaltensweisen?

Verändern Sie ihren internen Dialog.

Warum?

Weil wir diejenigen sind, die am meisten mit uns reden, unserer Stimme glauben wir!

Übung6:

Bringen Sie ihren **internen Dialog** zur Ruhe, lassen Sie ihn ausklingen, Bewerten und Vergleichen Sie nicht mehr, sondern nehmen einfach nur noch wahr und beobachten von außen.

Ruhe im Kopf ist die Voraussetzung für Ihre Veränderung. Alles was Ihnen im Kopf rumschwirrt (Vergangenheit, Zukunft, Trennung, Sorgen) lassen Sie (möglichst) los.

Alles, worüber **Sie noch nachdenken** und **erwähnen**, ist **immer noch** im Gedächtnis vorhanden.

Alles, worüber **Sie nicht mehr nachdenken** und **erwähnen**, ist **nicht mehr** im Gedächtnis vorhanden.

Verändern Sie ihren internen Dialog zum Positiven:

Wie?

Lassen Sie die Vergangenheit ruhen und statten dieser nur gelegentliche Besuche ab. Überprüfen Sie ihr Denken und Fühlen. Beobachten Sie ihre innere Stimme, (meist Ego und Denkerhirn). Wenn Sie merken, dass Sie wieder in Ihre alten negativen Muster verfallen, werden Sie wieder Aufmerksamer, Achtsamer und Beobachter Ihres internen Dialoges. Gehen Sie wohlwollend mit sich selber um und konzentrieren Sie sich auf das **neue, positive.**

Positive Programmierung (mindestens 21Tage)

Übung7:

1. Begrüßen Sie sich jeden Morgen im Spiegel mit einem **Lächeln** und einem ernst gemeinten **Kompliment.**

2. Benennen Sie **3 Dinge** auf die Sie sich heute **freuen.**

3. Benennen Sie **3 Dinge** für die Sie **dankbar** sind.

4. Benennen Sie **3 Dinge** über die Sie **glücklich und zufrieden** sind.

Tipp34 Leben Sie bewusster im **Hier und Jetzt** und hören Sie auf, sich sinnlose Sorgen zu machen. Es zählt nur der Moment, nur diesen haben wir sicher! Alle gesprochenen und gedachten Sätze, **ich sollte, ich muss,** am besten meiden, sie schädigen nur den eigenen Selbstwert. Beschäftigen Sie sich mit guten Gefühlen!

Respektieren Sie sich selbst, respektieren Sie andere und übernehmen Sie die Verantwortung für ihr Leben und das, was Sie tun. (Dalai-Lama)

6. Emotionale Störungen der Kommunikation

Durch **beachten emotionaler Untertöne** können Sie Störungen der Kommunikation vermeiden.

Die Theorie der ICH - Zustände:

(Eric Berne, die Theorie der Ich-Zustände)

Eric Berne (amerik. Psychiater 1910-1979) beobachtete, dass Menschen von Zeit zu Zeit deutliche Veränderungen in ihrem Verhalten zeigen. Es ist, als ob man es plötzlich mit einer anderen Person zu tun hätte. Jemand, mit dem man sich gerade noch sachlich unterhalten hat, wird auf einmal polemisch, dann wieder zieht er sich ganz zurück, als wenn er schmollen würde. Diese verschiedenen **ICH-Zustände**, drücken sich charakteristisch in Wortwahl und Stimmführung, im Gesichtsausdruck und in Körperhaltung und Bewegungen aus. Sie sind auch von typischen Gefühlslagen und Bewegungen der betroffenen Person begleitet und können deshalb auch als **Stimmungen** bezeichnet werden.

Im Verhalten und Erleben eines Menschen kann man **3 verschiedene**

ICH - Zustände unterscheiden:

ELTERN - ICH

KINDHEITS - ICH

ERWACHSENEN – ICH

Das Eltern-Ich entspricht dem Abbild der Eltern aus der frühen Kindheit und beruht auf Erfahrungen, die der Mensch in seiner frühen Kindheit gemacht hat. Es enthält die Aufzeichnungen des Verhaltens der wichtigsten Bezugspersonen des kleinen Kindes, also in der Regel der Eltern, so wie es von ihm wahrgenommen wurde.

Was sind die für das Kind bedeutsamen Äußerungen von Eltern?

Gebote, Verbote, Ermahnungen, Belehrungen, Lob und Strafe als auch, Güte, Nachsicht, Stolz, Zärtlichkeit. Wenn eine Person sich im Zustand des Eltern-Ich befindet, dann bedeutet das, dass sie eben diese Art von Verhaltensweisen und die entsprechenden Gefühlslagen aufweist.

Das Kindheits-Ich sind die Reaktionen des kleinen Kindes auf seine Umwelt, insbesondere auf das Verhalten der Eltern gespeichert. Die Erlebnisse des kleinen Kindes sind stark gefühlsbetont. Es freut sich, ist stolz, übermütig, glücklich, oder aber es schmollt, ist ärgerlich, traurig, wütend, unglücklich. Gerät eine Person in den Ich- Zustand des Kindheits-Ich, dann zeigt sie ähnliche Gefühle und Verhaltensweisen, als wenn sie ein kleiner Junge oder ein kleines Mädchen wäre.

Das Erwachsenen- Ich, dient der objektiven Aufnahme, Verarbeitung und Weitergabe von Informationen. Kann man die Zustände des Eltern- und Kindheits-Ich, als Aktivierung gespeicherten Datenmaterials verstehen, so ist das Erwachsenen-Ich eher mit der Funktion eines Computers zu vergleichen. Das Erwachsenen- Ich sammelt Informationen über die gegebenen Situationen, vergleicht und verarbeitet sie mit gespeicherten Erfahrungen (auch denen aus dem Eltern- und Kindheits- Ich), ermittelt Wahrscheinlichkeiten, bewertet und gibt Informationen und Ergebnisse unvoreingenommen weiter. Erleben und Verhalten sind sachlich und nüchtern an der Situation orientiert.

Tipp35: Seien Sie aufmerksam und zugewandt bei jeglicher (verbalen & nonverbalen) Kommunikation. Achten Sie auf Ihre Worte und auf Ihren Körper. Achten Sie auf Ihre Stimmung und Ihren Zustand bei sich und Ihrem Gesprächspartner/in. Als Empfänger einer Botschaft, fragen Sie im Zweifelsfall nach, ob Sie es richtig verstanden haben. Oftmals sind der Sender und der Empfänger nicht auf einer Welle gleichgeschaltet, eine Nachfrage ist deshalb sehr sinnvoll und kann Missverständnisse schnell aufklären. Tragen Sie aktiv zu einer gelungenen Kommunikation bei und Respektieren Sie sich und Ihren Gesprächspartner/in gleichermaßen.

Tipp36: Generell basiert Kommunikation auf einer Sach- und einer Beziehungsebene. Die Sachebene dient der Übermittlung konkreter Informationen und verläuft ausschließlich verbal. Die Beziehungsebene wird durch Gefühle und emotionale Verbindungen bestimmt, die vor allem nonverbal zum Ausdruck gebracht werden. Das heißt: Selbst, wenn Sie kein Wort sagen, kommunizieren Sie. Ihre Augen, Hände, Beine und Ihre Körperhaltung senden Signale aus.

Der Körper ist ein Spiegelbild unserer Seele und eine persönliche Visitenkarte, die unser Inneres offenbart. Unsere Gedanken und unsere Körperhaltung werden zu einer untrennbaren Einheit. Unsere Empfindungen spiegeln sich automatisch in der Sprache unseres Körpers wider. (Psychologin Monika Matschnig)

Gut zu wissen: Nonverbale Verhaltensweisen machen etwa 60 bis 65% der gesamten zwischenmenschlichen Kommunikation aus!

Fazit: **Souveräne Gedanken - souveräne Wirkung.**

Tipp37: **Achten Sie** auf Ihre Gedanken, denn sie werden zu Ihren Worten. Achten Sie auf Ihre Worte, denn sie werden zu Ihren Handlungen. Achten auf Ihre Handlungen, denn sie werden zu Ihren Gewohnheiten. Achten Sie auf Ihre Gewohnheiten, denn sie werden zu Ihrem Charakter. Achten Sie auf Ihren Charakter, denn er wird zu Ihrem Schicksal.

Abschluss: „Die drei Fragen"

(Märchen von Leo Tolstoi: russischer Schriftsteller,1828-1910)

Wann ist die wichtigste Zeit?

Wer ist der wichtigste Mensch?

Was ist die wichtigste Sache, die zu tun ist?

Es war ein König, der diese drei Fragen stellte, weil er erkannt hatte, dass in den Antworten genug Weisheit steckt, um gut über sein Land zu herrschen und sich dabei auch selbst zu beherrschen.

Die Antwort auf die erste Frage kennen wir alle, wenn wir zufällig dran denken. Es ist die einzige Zeit, die wir haben; die einzige Zeit, um das zu tun, was uns wichtig ist oder guttut: jetzt. Was gestern war, ist geschehen, was morgen sein wird, wissen wir nicht und wenn wir die Zukunft positiv beeinflussen wollen, dann müssen wir was tun, nämlich jetzt!

Die zweite Frage ist ein bisschen trickreich, genauso wie die Antwort, die der König auf verschlungenen Pfaden fand. Der wichtigste Mensch ist der, mit dem wir gerade zusammen sind, der uns in diesem Moment am nächsten ist. Wenn wir diesen Menschen, dem Partner, einer Kollegin, einem Kunden oder jemandem, den wir eben kennenlernen, ehrliche Aufmerksamkeit schenken, dann spürt das der andere, und wir selbst spüren es auch: die vielleicht schönste Form von Mitgefühl.

Apropos: Der Mensch, mit dem wir die meiste Zeit zusammen sind, sind erfahrungsgemäß wir selbst. In der Früh beim Aufwachen, abends beim Einschlafen, oft genug dazwischen sind wir mit uns allein. Es wäre also genug Zeit, auch uns selbst, unserem Körper, unseren Träumen und Spinnereien ehrliche Aufmerksamkeit zu schenken; genug Zeit uns selbst wichtig zu nehmen, wenn momentan kein anderer da ist, umgekehrt, sich also ausgerechnet dann wichtig zu nehmen, wenn viele andere da sind, kommt bekanntlich nicht so gut an.

Und damit sind wir bei der Antwort auf des Königs dritte Frage, die Antwort eins und Antwort zwei gewissermaßen zusammenführt.

Was ist die wichtigste Sache, die zu tun ist? Sich kümmern. Oje könnte man jetzt denken, viel kümmern heißt auch viel Kummer. Heißt es nicht, wenn wir dem weisen König glauben wollen. Sich kümmern meint vielmehr, sorgsam und mit Geduld ans Werk zu gehen, für unseren Nächsten da zu sein, auch wenn das zwischendurch wir selbst sind.

Geschafft und-

viel Glück, denn Glücklichsein

lässt sich (wie Sie jetzt wissen) lernen.

Leben Sie ein Leben, das Konjunktive zu vermeiden lernt. Das scheint eine gute Voraussetzung für ein gelingendes Leben zu sein. (Harald Welzer, Nachruf auf mich selbst, S. Fischer).

Die Zeit der Veränderung ist die Gegenwart, nicht die Zukunft. (Harald Welzer, Nachruf auf mich selbst, S. Fischer).

Ihr, Toni Bach, www.b2-workforyou.de

47

Literatur:

Berne, Eric, die Theorie der Ich-Zustände, https://studyflix.de/biologie/transaktionsanalyse-2695, abgerufen am 16.06.2021, Handbuch, Seite 42, 43.

Broaden and Build - Ansatz, https://psychologie-des-gluecks.de/lexikon/broaden-and-build-theorie, abgerufen am 14.10.2021, die Macht der guten Gefühle, Fredricksen, B.L., Campus Verlag 2011, Handbuch, Seite 24,25.

Dalai-Lama, Das Recht auf Glück 1, Interview mit https://youtube.com, abgerufen am 06.01.2022, Handbuch, Seite 9,10.

Dalai-Lama, Handbuch, Seite 42

Delhey, Jan, Hilde Brockmann, Human Happiness and the Pursuit of Maximization, Springer Verlag, Handbuch, Seite 10,11.

Diener, Eduard, https://eddiener.com, abgerufen am 11.11.2021, Handbuch Seite 9, 12,13,14,25.

Ebner- Eschenbach, Marie, Handbuch, Seite 18.

Glücks-Test Emotionales Wohlbefinden, https://www.ruckriegel.org , abgerufen am 15.09.2021 Handbuch, Seite 9.

Glücks-Test Kognitives Wohlbefinden, https://www.ruckriegel.org , abgerufen am 15.09.2021 Handbuch, Seite 9.

Grün, Anselm, Ramona Robben, Grenzen setzen-Grenzen achten, Herder Verlag, 8. Grenzenlose Menschen S.63 bis 68 und Seite 41 bis 43, Zeitgrenzen, Handbuch, Seite 14, 15, 17, 18.

Gawdat, Mo, Die Formel für Glück Redline Verlag 2. Auflage 2018 Abb.S.35, Handbuch, Seite 15,16.

https://www.gesundheit.gv.at/leben/psyche-seele, abgerufen am 02.02.2021 Handbuch, Seite 27, 28, 29, 30, 31.

Kahneman, Daniel, Schnelles Denken, langsames Denken, Pantheon, Handbuch Seite 19, 21, 22, 24, 25, 26.

Lyubomirsky, Sonja, 2005, 2010, https://www.researchegate.net/publication, abgerufen am 20.09.2021 Handbuch, Seite 6,7.

Lyubormirsky, Sonja, Glücklichsein, Thalia Verlag 2018, Handbuch, Seite 1.

Lennon, John Handbuch, Seite 2.

Matschnig, Monika, https:www.matschnig.com/wirkung-ist-kommunikation, abgerufen am 20.01.2021, Handbuch, Seite 44.

Ott, Ulrich, Meditation schärft den Geist, Handbuch, Seite 32.

Ruckriegel, Karlheinz Prof. Dr. https://www.ruckriegel.org, https://www.positivepsychologie.eu, abgerufen am 15.09.2021 , Online Vortrag, HSS am 08.09.2021 Handbuch, Seite 5,9,25.

Schaffner, Anna, GEO-Wissen Nr.74, Seite 22 bis 28, Handbuch, Seite 3, 20, 22, 23.

Sedmak, Clemens, https://www.ifz-salzburg.at/team/sedmak-clemens , abgerufen am 11.11.2021, Handbuch, Seite 12.

TU-Braunschweig Glücksforschung, https://www.tu-braunschweig.de/gluecksforschung , abgerufen am 07.07.2021, Handbuch, Seite 36, 37.

Tolstoi, Leo Märchen, https://www.leotolstoi.de., abgerufen am 17.02.2021, Handbuch, Seite 45, 46.

Wahrnehmungswelten, Sonderausstellung Wunderwerk Gehirn, Salzburg 2021, Handbuch, Seite 18, 19,20,21,22.

Walter, Ulrich, Astronaut und Physiker, Handbuch, Seite 32.

Welzer, Harald, Nachruf auf mich selbst, S. Fischer Verlag Seite 265, Handbuch Seite 46.

ZRM, Maja Storch, Frank Krause, Selbstmanagement-ressourcenorientiert, hogrefe Verlag, Handbuch Seite 36.

Literaturempfehlungen:

Das Buch der Weisheit, Jorge Bucay, Fischer Verlag 2015.

Die Macht der guten Gefühle, Fredricksen, B.L., Campus Verlag 2011.

Flow, das Geheimnis des Glücks, M. Csikszentmihalyi, Klett-Cotta Verlag 2017.

Glück, Wilhelm Schmid, Insel Verlag 2007.

Gelassenheit, Wilhelm Schmid, Insel Verlag.

Homo Deus, Eine Geschichte von Morgen, Yuval Noah Harari, C.H. Beck Verlag.

Nachruf auf mich selbst, Harald Welzer, S. Fischer Verlag 2021.

Philosophie der Lebenskunst-Eine Grundlegung, Wilhelm Schmid, Suhrkamp Verlag 2016.

Quellen innerer Kraft, Anselm Grün, Herder Verlag 10. Auflage 2015.

Respekt, Rene´ Borbonus, Econ Verlag 11. Auflage 2019

Resilienz, der Wir-Faktor, G. Hasler, Klett-Cotta Verlag.

Stille, Ein Wegweiser, Erling Kagge, Suhrkamp Verlag 2019.

Spiele der Erwachsenen, Psychologie der menschlichen Beziehung, Eric Berne, Rowohlt Verlag 2002.

Unvermeidlich Glücklich, Manfred Lütz, Penguin Verlag 2017.

Wie wir aufblühen, die 5 Säulen des pers. Wohlbefindens, M. Seligman, Goldmann Verlag 2015.

12 Rules for Life, Jordan B. Peterson, aktualisierte Neuausgabe 2019.

www.b2-workforyou.de